laGalera 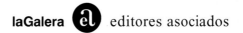 editores asociados

Hoy cumplo
seis años

Texto **M. Antònia Savall** Ilustraciones **Mercè Arànega**

LA MAR

Hoy cumplo seis años.
¿Son muchos o son pocos?
Se lo pregunto a mi madre.
Me mira, sonríe y dice:
—Depende...
Se lo pregunto a mi padre que,
bromeando, responde:
—¡Anda! ¡Si casi eres mayor de edad!
Se lo pregunto a Mireia,
que está sentada en la sillita y,
babeando, contesta:
—Gu-gu-gu...

SPAN
E
SAVALL

Me acerco al teléfono.

Voy a llamar a mi abuela.

–Quim, ¿me marcas el número?

¡Ring-ring-ring!

–Abuela, hoy cumplo seis años.

¿Son muchos o son pocos?

–Ya me gustaría tenerlos a mí...

–¡Qué risa, como que no los tienes!

Cuelgo.

Llamaré a mi tía Montse.

—Quim, ¿me marcas el número?

¡Ring-ring-ring!

—Tía, hoy cumplo seis años.

¿Son muchos o son pocos?

—Mira, son más

que los dedos de una mano.

Me miro una mano. Me miro la otra.

Ahora tengo una mano y un dedo.

Pero para tener las dos,

todavía me faltan cuatro.

No sé qué decir.

—Dile a Tona que se ponga.

Mi tía avisa a Tona, mi prima.
—Tona, hoy cumplo seis años.
¿Tú qué crees?,
¿son muchos o son pocos?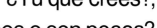
—Me parece que son muchos.
Yo todavía tengo cinco.
—Ah, ¡vaya!
Cuelgo.

Llamaré a Miquel,
un compañero de clase.
—Quim, ¿me marcas el número?
¡Ring-ring-ring!
—¡Hola, Miquel! Hoy cumplo seis años.
¿Son muchos o son pocos?
—Son pocos, seguro. Yo ya tengo siete.
Cuelgo.

Quim, ¿tú qué opinas?,
¿seis años son muchos o son pocos?
—No serán muchos porque todavía
no sabes llamar por teléfono.
—¡Que lata!
¡Todos los hermanos mayores
sois iguales!

Me voy a la escuela.
Se lo pregunto a Núria, la maestra,
que lo sabe todo.
—Núria, hoy cumplo seis años.
¿Son muchos o son pocos?
—Pues, para chuparse el dedo, demasiados;
para andar solo por la calle, son pocos;
para hacerse pipí en la cama,
también son muchos,
pero para acostarse tarde,
más bien son pocos —responde Núria.
—¿Oh? ¡Ah!

De regreso a casa sigo pensando
si seis años son muchos o pocos.
Al bajar del autocar,
encuentro a mi abuelo
que me está esperando
con un enorme pastel.

—¡Feliz cumpleaños!

—Abuelo, ¿seis años
son muchos o son pocos?
Mi abuelo siempre se lo piensa
antes de contestar.

—Mmmm...
Vamos a ver si las velas
nos sacan de dudas.

Busca el mechero y enciende las velas.
Una a una.
—¡Sopla! —me ordena—.
Si quedan más velas

apagadas que encendidas
será que son muchos.
Si quedan más velas
encendidas que apagadas
será que son pocos.
—Bbfffffff, bbfffffff.

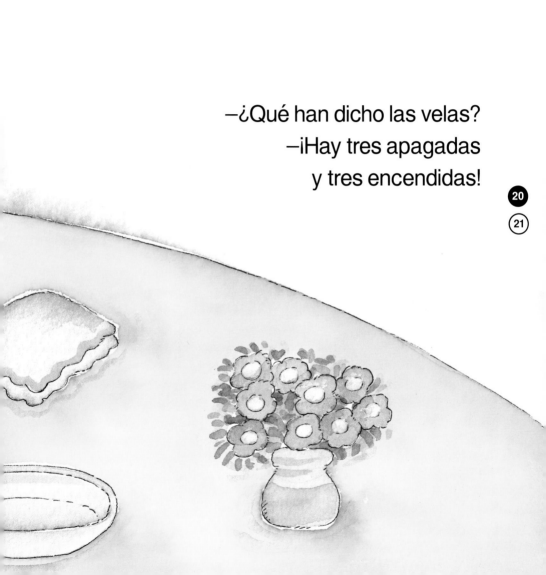

—¿Qué han dicho las velas?
—¡Hay tres apagadas
y tres encendidas!

Tengo sueño. Cumplir años cansa.

Voy a acostarme. Me meto en la cama.

Hoy he cumplido seis años.

Y todavía no sé

si son muchos o pocos.

APR - X 2002

Primera edición: octubre de 1999

Diseño de la colección
Claret Serrahima i associats

Edición
Marta Dòria
Dirección editorial
Xavier Blanch
Maquetación
Montserrat Estévez
Producción
Francesc Villaubí

Título original catalán:
Avui faig sis anys

© M. Antònia Savall, 1999, por el texto
© Mercè Arànega, 1999, por las ilustraciones
© La Galera, SA Editorial, 1999, por la edición en lengua castellana

La Galera, SA Editorial
Diputació, 250 – 08007 Barcelona
www.enciclopedia-catalana.com
lagalera@grec.com
Impreso por Tallers Gràfics Soler, SA
Enric Morera, 15 – 08950 Esplugues de Llobregat

Depósito legal: B. 37.037-1999
Impreso en la UE
ISBN 84-246-5419-6